A Calzón Quitao
Lo más picante del folklore colombiano

Colección: Tradición Oral Colombiana

Angalia
(Seudónimo)

Primera Edición Impresa, 1992, Colombia
Primera Edición Digital, 2012, Estados Unidos
Derechos Reservados del autor. Copyright @2017

Dedicatoria

Al campesino colombiano, ejemplo de superación, sinceridad y amor a su tierra.

"Las palabras no son mal dichas sino mal interpretadas"

CONTENIDO

PROLOGO

La sabiduría popular suele anunciar cosas importantes y dignas de atención cuando las anticipa con la expresión "a calzón quitao". Por esta razón, cuando alguien nos anuncia que quiere hablar con nosotros "a calzón quitao", no queda otra alternativa que suspender toda actividad, concentrar al máximo la atención, buscar el mejor lugar y el ambiente más apropiado y dedicarnos a vivir plenamente el momento, "A calzón quitao".

Algo similar me ha sucedido con el libro que el querido lector tiene entre sus manos, producto del espíritu investigativo y del amor a su tierra y a sus gentes, de una autora ya consagrada en la bibliografía regional y nacional que ha querido esconder su identidad bajo el seudónimo de "Angalia".

Cuando uno se sumerge en sus páginas y pasea la mirada por esas palabras que "no son mal dichas sino mal interpretadas", queda subyugado por el embrujo del humor y de la picardía de nuestras gentes, de un pueblo que ante la dureza de la cruda realidad, sabe burlarse de sí mismo y de las circunstancias y sabe decir las cosas "A calzón quitao", sin eufemismos, llamando las cosas por su nombre, así las palabras hagan sonrojar la cara pero sonreír en la interioridad.

Encontrarse con el pueblo, con su pensamiento, con sus coplas, con su humor, con sus adivinanzas, con sus dichos, con sobrenombres, con sus decires, con sus diretes, con sus refranes y con su picardía, es encontrar un rico filón de gracia y sabiduría que puede degustarse y capitalizarse, cuando sabemos ir al fondo, sin dejarnos asustar por la aparente crudeza de las formas.

Allí vemos a nuestros campesinos, altivos, varoniles que prefieren acudir a la ironía, a la burla, a la sátira, antes que aflojar en ayes y lamentaciones.

El ingenio derrochado en las adivinanzas, demuestra cómo nuestras gentes saben jugar magistralmente con el poder sugestivo de las palabras, para evocar la malicia, la picardía. Con frecuencia la palabra se torna caricatura, cuando de "pintar de cuerpo entero" se trata, a través del sobrenombre de las personas, costumbre ésta muy en boga en los pueblos pequeños y en los ambientes escolares. Y es que el sobrenombre tiene tal poder de fijación que pasados los años, se escapan de la memoria los nombres de las personas, pero perduran los motes. La copla, verdadera joya preciosa del folklore de todos los pueblos, tiene un enorme poder de síntesis, sólo comparable en su magnífico poder de sugerencia. Por ejemplo:

"Yo ensillando mi caballo
mi chatica echó a llorar,
y yo llorando con ella
lo volví a desensillar"

Es toda una verdadera "novela rosa" en cuatro pinceladas. La abundancia y calidad de las coplas recordadas en esta obra, son suficiente demostración de lo dicho.

Y qué no decir de nuestros refranes, verdaderas sentencias, máximas condensaciones de sabiduría. Si los miramos con detenimiento, cada refrán popular es un monumento al ingenio y a la sapiencia.

Querido lector, si amablemente llegó hasta este renglón, siga adelante, que muy seguramente quedará encantado y nunca volverá atrás. ¡Que lo disfrute!

Omar Okendo
(Seudónimo)

INTRODUCCION

La recopilación "A CALZON QUITAO", ha sido recogida con la sana intención de salvar del olvido alguna parte de la tradición oral picante de nuestras gentes. Representa el sentimiento de un pueblo que azotado por muchos sinsabores, sabe ironizar y quiere reír algunas veces a costa de su pesadumbre.

En este trabajo presento a los amables lectores el producto de ideas que tienen su origen en las referencias directas de hombres y mujeres, muchos de ellos campesinos. Consta de los siguientes capítulos: Adivinanzas, El Sobrenombre es para distinguir, No confunda, Las Coplas, Los Refranes y variedades.

Ojalá este contenido sirva para que valoremos lo propio, lo sencillo y sobre todo, las vivencias de un pueblo que desea conocerse para poder contar algo a las próximas generaciones.

ADIVINANZAS

Dentro de la tradición oral campesina, todavía la adivinanza juega un papel importante durante la adolescencia y particularmente en la infancia; junto con el refrán, decires regionales, coplas, sobrenombres, creencias, cuentos, leyendas y juegos.

Los acertijos y adivinanzas se practican especialmente en el hogar campesino, en la escuela, están muy relacionados con el quehacer diario, tienen que ver con plantas, animales, objetos, fenómenos meteorológicos; sirven para desarrollar la memoria, la lógica y la atención. Divierten, fomentan la imaginación y unen al grupo familiar.

A continuación algunas adivinanzas (ver las respuestas en la última página del libro).

1- Iba por un caminito, me encontré un muchachito, le bajé los calzoncitos y le metí un mordisquito.

2- Arriba coposo, en la mitad corronchoso y en la pata sabroso.

3- Se quita el hoyo y queda la estaca.

4- Lo mete duro, lo saca blando y los pelitos chorriando.

5- Buche con buche hace matraca, abra las piernas que ahí va la estaca.

6- Salió orondo de su nido y a las ventanas llegó, a avisar que había nacido el que sin alas voló.

7- Entre peña y peña, periquito suena.

8- Bartolo de vez en cuando me.

9- Pelos arriba, pelos abajo y el empelotado en medio.

10- Llegó el galán, abrazó a la moza, le rasco la barriga y se le alborotó la cosa.

11- Un ángel bajó del cielo y se le abrazó a la esposa, le tentó todas las tripas y se le alborotó la cosa.

12- Yo que me la subo, él que se menea, yo que se las cojo, él que me chorrea.

13- Cuál es el animal que hace los hijos con la pata?

14- La mujer que por su gusto se deja romper el cuero, las bolitas quedan colgando y el palo en el agujero.

15- Salt allí, salto allá y me ensarto hasta la mitad.

16- A las cuántas vueltas se echa el perro?

17- Cargadas van, cargadas vienen.

18- Con el pico pica y con el rabo arrastra.

19- Cuando chiquito lanudo y cuando grande pelado.

20- Un abuelito patirrajado sube al monte y baja el ganado.

21- Iba por un caminito, me encontré un hoyito, le metí el dedito y me quedó muy bonito.

22- Qué es lo que se hace de noche que no se puede hacer de día?

23- Un viejito le decía a otro un poquito más catano, qué es lo que me está pasando que me está floriando el guamo?

24- Usted sabe por qué lloran los ojos?

25- Lo meto verde, lo saco blando y fuerza que me espernanco.

26- Ya viene la vida mía, juntando pelo con pelo, dónde querés que lo hagamos en la cama o en el suelo?

27- De largo tiene una cuarta, de grueso lo suficiente, tiene pelos en la punta y sirve para hacer gente.

28- Hombre con hombre sí pueden, mujer con hombre también, mujer con mujer no pueden porque no resulta bien.

29- En qué se parecen los rieles de un tren a una cobija?

30- Pesa y no es tendero, reparte lo que no es tuyo, no es tu padre y te castiga, no es perro y cuida lo tuyo.

31- Qué tiene en medio de las piernas un pensionado?

32- Es el suspiro de un ano enamorado.

33- En qué parte las mujeres tienen el pelo más churco.

34- Cuál es el papel fundamental del hombre?

35- En qué se parece un burro a un televisor?

36- Qué es lo primero que saca el hombre a la hora de orinar?

37- Es peludo por delante y pelado por detrás, y no es lo que te imaginas, a que no me adivinás.

38- Me meto con él al monte y me cuelga entre las piernas.

39- Se la cuelgan a los hombres y a las mujeres les gusta.

40- Uña de gato, punta de tijera, blanco por dentro, verde por fuera.

41- En las manos de las damas casi siempre estoy metido, unas veces estirado, otras veces encogido.

42- Espuma y no de trapiche, espuma y no de la mar, no te acerques demasiado porque te puede matar.

43- Se estalla así de repente cuando uno está descuidado, si vuelve a mirar a la gente, se pone uno colorado.

44- Está bien mujer con hombre, sano justo y buen placer, malo si lo hacen dos hombres o entre mujer y mujer.

45- Dos pares tiene la vaca, la mujer un solo par, sean corticas o sean largas lo mueven al caminar.

46- Ya algunas semanas hace que la niña está esperando, algunos por ahí lo saben pero no dicen pa' cuando.

47- Qué es lo que deben hacer los caballeros de pie y las mujeres sentadas?

48- De largo tiene una cuarta, pulgada y media de grueso, tiene candela en la punta y echa caldo por el pescuezo.

49- Lo hace el rey y la reina, príncipe y cortesanas, el mendigo y la mendiga, también cuando tienen ganas.

50- Palos, palones, paleras de punta ancha y colorada, se frotan en la cabeza y escupen la candelada.

51- En el libro escrita está como santa y muy doncella, pero a la hora de la verdad, todo el mundo abusa de ella.

52- A los soberbios achanta, doma al arisco y feroz, a los caídos levanta, sin embargo no es Dios.

53- A las mujeres les llega cuando ya tienen edad, y si les llega a las viejas es una anormalidad.

54- Estirado boca arriba entre dos manojos está, para que uno se le acueste encima y hacerle pa'lla y pa'ca.

55- Mete los dedos primero, mete la mano enseguida, para eso así lo hicieron preciso y a la medida.

56- Lo da la mujer amada, al hombre que más la quiera, lo da cuando está casada, lo da cuando está soltera.

57- Boca abajo o bica arriba o también de medio lao, pero es cosa bien jodida hacerlo desde parao.

58- Cuarta y media de carne viva, con cabeza y con capote, cuando se despierta se estira y cuando se duerme se encoge.

59- Cogiéndolo en la mano, así me dijo mi amor, entre más grueso más bueno, entre más largo mejor.

60- Grueso y duro se echa al pico y lo chupa lento, lento, después se saca chiquito, blandito y pegachento.

61- Es más o menos peluda, su tamaño no interesa, al centro la rajadura para meter la cabeza.

62- Cuando meto la puntica, por la estrecha rajadura, ella la soba con saliva pa' que se ponga bien dura.

63- Es levantado y peludo y lo tienen las mujeres, lo embadurnan con engrudo y le clavan alfileres.

Nota: Las respuestas se encuentran al final del libro.

COPLAS

Las coplas son una forma muy original de expresión cotidiana de las gentes sencillas, sufridas, amantes, inquietas y con gran sentido del humor. La copla popular es legítimo folklore que ha llegado a nosotros por tradición oral; no tiene molde exclusivo, es típica de la región y de autor desconocido.

Las siguientes coplas tienen como características sobresalientes: el humor, la ironía, la gracia y la picaresca. Se relacionan con el amor, la alegría, la tristeza, el orgullo varonil o algún defecto físico.

A la copla como diversión o pasatiempo, bien se le puede colocar música y es ideal para hacer nuestro cancionero regional.

Yo me casé con María
por las vacas que tenía,
ya se murieron las vacas
a la mierda con María.

Allá arriba en aquel alto
allá abajo en aquel cerro,
si no querés que te miren
metete en el culo 'el perro.

Quién será esa cantadora
que canta por los rincones,
parece petaca vieja
cagada de los ratones.

No te creas de las mujeres
aunque las tengas por tuyas
yo tenía cuatro amarradas
y me quitaron las turmas.

Dos cosas habéis perdido,
ambas a la edad muy tierna,
una por abrir la boca
la otra por abrir las piernas.

Allá arriba en aquel alto
tengo un gato sin calzones,
con las turmas en la mano
contando pares y dones.

Una vieja se peyó
en el asiento de un 'olla
salieron las alverjitas
pidiendo misericordia.

Tururu mi niño
qué es tanto alboroto,
tu taita y tu mama
tan haciendo el otro.

❧

Una pareja de novios
se besaba cada noche,
y al cabo de los nueve meses
el beso paseaba en coche.

❧

Entre la quincha y el tiple
me dejaron en la ruina,
el tiple me pide cuerda
y la quincha golosina.
(significado de "quincha",
pajarito llamado también
colibrí en Colombia)

❧

Mamita quiero casarme
casarme con un herrero,
para que me saque chispas
de este coño puñetero.

❧

La cosca del armadillo
sirve pa' miles de enredos,
sirve pa' sembrar el máiz
o para guardar los güevos.

❧

Aquí me siento
aquí me estoy
si me lo pides
yo te lo doy.

❧

Allá arriba en aquel alto
tengo una cabra amarrada,
en los cuernos y en las patas
se parece a mi cuñada.

❧

Cuando la gallina canta
algo tiene en el coroto,
cuando la mujer 'ta brava
amores tiene con otro.

❧

Mamita quiero casarme
casarme con chofer,
para que me monte en carro
y el culo me lo haga per.

❧

Un viejo requete viejo
con la cabeza ya cana,
se miraba y repetía
entre más canas más ganas.

❧

La cagalera y el culo
tuvieron un encontrón,
la cagalera por puta
y el culo por repelón.

❧

Al pobre del armadillo
lo reclaman para juez,
él dice que no lo jodan
que lo dejen pa' endespués.

❧

Esto dijo el armadillo
cuando se salía del pozo,
que tengo debajo 'el rabo
que me güele tan sabroso.

❧

Arráncame un tamarindo
y sembráme un gualanday,
que yo no creo en las brujas
pero que las hay, las hay.

❧

Allá arriba en aquel alto
y allá abajo en aquel otro,
se ríen mucho las gallinas
de ver el gallo empeloto.

Mi comadre Micaela
se jue ponde Federico,
se puso a prender candela
y se le charruscó el mico.

Si un viejo te pide un beso
no se lo vayas a dar,
porque los besos de viejo
saben a huevo sin sal.

Esto dijo el armadillo
yendo a dormir a su cueva,
aunque se me moje el rabo
que se protejan mis huevas.

El compadre Pedro Ortiz
tiene un barro en la nariz,
el compadre Pedro Angulo
tiene un barro en la espalda.

Cuando vaya al inodoro
ponga bien la puntería,
porque orinarse por fuera
esa es mucha porquería.

Tal vez por lo buenecita
la llamaban desta laya:
sus parientes la culebra
y sus vecinos la taya.

Estaba Santa Teresa
arriba en un alto pino,
mostrándole una cosita
a Santo Tomás de Aquino.

Una vieja se orinó
en la pata de un papayo,
y un sapito le decía:
qué barbaro es mi tocayo.

En lo más alto del cerro
me salieron unos perros,
me quitaron medio culo
como poco más o menos.

Me quisiste, me olvidaste,
me golvistes a querer;
hiciste como los perros
gomitar para comer.

Me gustan las muchachitas
y más cuando están bailando,
porque mueven la colita
como ternero mamando.

Déle, déle, güenamoza,
negrita, sígale dando,
dele por ahí a la cosa,
que sí que me está gustando.

Las chinitas de hoy en día
piensan sólo en el haber,
si el burro tuviera plata
también lo habían de querer.

Un viejito se comió
dos libras de mantequilla
toda la noche pasó
sentado en la bacinilla.

Ingrata que te largastes
dejándome abandonao,
con la mudita en un joto
y con el burro ensillao.

*Todas las mujeres
tienen un trapichito muy guapo,
por dura que sea la caña
siempre le sacan guarapo.*

*Decís q no me querés
porque me falta una turma,
la una no se me ve,
la otra casi me tumba.*

*Una vieja me dio palo
y endespués un garrotazo,
pues me topó con la hija
rascándole el espinazo.*

*Mujer chiquita y tetona
no sirve para arepera,
con el vaivén de las tetas
saca la masa pa'juera.*

*Decís que no me querés
eso para mí mejor,
menos pulgas en cama
más campo y menos calor.*

Cómo querés que en suelo
pierda mi virginidá?
Hagámonos pa' la cama
y haga Dios su voluntá.

❧

Desde lejos he venido
pisando chiribitales,
sólo por venirte a ver
chatica quitapesares.

❧

Con mujer altota y gruesa
no me caso y no me caso,
porque cómo mantendría
semejante animalazo.

❧

Un viejito se comió
cinco libras de aguacate,
y la noche la paso
triqui triqui, triqui traque.

❧

La mujer que vive sola
vive llena de congoja,
se le suelta el marranito
no tiene quién se lo coja.

❧

Cuando mi Dios hizo al burro
lo hizo de mala gana,
en el cuerpo echó un día
y en la cosa una semana.

Yo me siento que me muero
tráigame la confesión,
tráigame la más bonita
y échemela pa'l rincón.

La mujer cuando se agacha
se le abre el entendimiento,
y uno de tanto mirarla
se le para el pensamiento.

El amor de las mujeres
es como el del gallinazo,
que comiéndose la carne
al güeso no le hacen caso.

Una señora me dijo
que le apretara el zapato,
y como yo no sabía
se lo apretaba ca'rato.

El tórtolo y el bizcocho
se pusieron a peliar,
pero le ganó el bizcocho
porque lo hizo vomitar.

Señora yo soy un hombre
pobre pero generoso,
yo soy como el espinazo
pelado pero sabroso.

Las estrellas en el cielo
y la luna en un papel,
pensaba el escolorío
que yo me moría por él.

Mírele el ojo a la mula
mire cómo corcovea,
las gallinas beben agua
yo no sé por qué no mean.

Anoche estuve con ella
ni siquiera la besé,
por la mañana me dijo:
ah pendejo qu'es vusté.

En el otro lao 'el río
habían dos perros peliando,
llegó un policía y les dijo:
sigan con la autoridad.

Ayer pasé por tu casa
y estabas moliendo arepas,
de risa me retorcía
al ver sacudir tus tetas.

Una vieja se peyó
detrás del altar mayor,
y el cura salió corriendo
pensando qu'era un temblor.

El comer cuando hace hambre,
el beber cuando hace sé,
la mujer cuando muchacha
porque vieja ya pa'qué.

Allá arriba en aquel alto,
tengo una mata de ají,
donde cagan los pollitos
y la mierda es para ti.

Callá la jeta pendejo
que vos no sabés cantar,
pícales caña a los burros
y ayúdales a tragar.

Una vieja se peyó
al pie de una ratonera,
y los ratones bailaban
al pie de la pedorrera.

Muchacha, no sea coqueta,
cásate con policía,
que gana cuarenta pesos
trabajando noche y día.

Un viejito se subió
en una silla de ruedas,
y al rodarse por la escala
se le quebraron las gafas.

Las medias de don Roberto,
un chulo se las llevó,
las medias las encontraron
pero el chulo se murió.

Yo te pienso noche y día
y ese pensar me trasnocha,
si te rasca la panocha
es porque hay telepatía.

❧

Al pasar el cementerio
me dijo una calavera,
lo que a mí me sucedió
eso le pasa a cualquiera.

❧

Una vieja no muy vieja
empezando a pintar canas,
se quería comer mis turmas
pensando q eran manzanas.

❧

Allá arriba en aquel alto
tengo una mata de anturio,
y como no la regué
parece que se me múrio.

❧

Allá arriba en aquel alto
tengo una mata'e cebolla,
el que pase y me tiente
se le escaldará la polla.

❧

Estándome yo muriendo
me dijo la muerte un día,
el que no llora no mama
aunque ande con las parías.

Bendito sea Dios
y la fortuna se vuelva,
que los pobres coman bien
y los ricos coman mestiza.

Allá arriba en aquel alto
tengo un pozo de agua sucia,
donde se bañan los viejos
el culo con una tusa.

Esto dijo el armadillo
cavando en un hueco duro,
muy cortico soy de ancas
pero sí se lo aseguro.

Tres cosas hay en el mundo
que en la mujer es muy feo,
que eche ajos y se emborrache
y que se le salga un peo.

Esto dijo el armadillo
junto a la armadilla coja,
que cuando uno va pa' viejo
hasta el culo se le afloja.

కిల్లా

Que linda que está la luna
redonda como una fruta,
si se llegara a caer
qué golpe tan terrible.

కిల్లా

Esto dijo el armadillo
trabajando en la barranca,
por qué me daría Dios
tanta fuerza en la palanca?

కిల్లా

Hay viejitas muy jodidas
que sólo amarran conejo,
ya les conozco la maña
no me crean tan pendejo.

కిల్లా

Un viejito no muy viejo
más viejo que San Mateo,
se puso a coger tomate
y en cada tomate un peo.

కిల్లా

En este mundo de cagar
nadie se escapa,
caga el cura, caga el papa,
caga la reina Isabel,
que es la cagada más guapa.

❧

Hay unos que en el cantar
dan su envidia a conocer,
porque no fue caporal
ni lo quiso una mujer.

❧

Vale más saber perder
y guardar bien el honor,
con la mujer del amigo
no hay que hacer combinación.

❧

Si pierdo, revancha tomo
por la cruz de mi pasión,
por un caballo palomo
no se la cambio al patrón.

❧

Yo no nací en Casa Grande
y nunca lo ando diciendo,
como uno que conocí
y seguiré conociendo.

❧

Decís que no me querés
aunque nunca yo tampoco,
jabón es lo que me falta
que mugre onde quiera topo.

Me pedís el corazón
me parece cosa dura,
cómo querés que por vos
incomplete mi asadura.

Ayer pasé por tu casa
y te vi moliendo arepas,
la risa no me dejaba
de verte jondiar las tetas.

Una vez en una fiesta
había una china bonita,
ella era bella y muy tiesa
pero muy culibajita.

Calle arriba y calle abajo
con mi perro muerto al hombro,
convidando a mis amigos
vengan a comer mondongo.

Cuando a nuestro padre Adán
le gustaba andar de noche,
las turmitas eran pilas
y la linterna era el toche.

Cuando nuestro padre Adán
comió la primera fruta,
le echo la culpa fue a Eva
que viejo tan malo.

Esto dijo el armadillo
cuando iba para Girón,
las turmitas de maleta
y el cachito de bordón.

Los cotudos de Girón
le piden a san José,
que les pase el coto abajo
porque arriba se les ve.

Los casados y los gatos
son de la misma opinión,
teniendo carne en la casa
salen a buscar ratón.

En una hacienda el patrón
manda a traer los animales
y todos tenían sobrenombres:
Cógele el potro a María
Cógele el mico a ñoa Hersilia
Cógele el sapo a tu máma
Cógeme a mí la morcilla.

☙❧

Esto dijo la armadilla
cuando estaba pa' parir,
cuando salga de este parto
me lo mando corcucir.

☙❧

Yo no canto por cantar
ni por divertir a nadie,
el que quiera que le cante
que lo divierta su madre.

☙❧

A Dios le tengo pedido
y a las ánimas benditas,
que mi mujer y la otra
se quieran como hermanitas.
Aunque el marrano sea mono
y lo maten en la villa,
y lo salen con azúcar
siempre es negra la morcilla.

☙❧

Cuando compres ruana e' juerga
jíjate bien en la trama,
cuando consigas mujer
jíjate bien en la máma.

El primer amor que tuve
fue una vieja caratosa,
de pa' abajo lisitica
de pa' arriba carrasposa.

El que compra terciopelo
no sabe lo que ha comprao,
acabándosele el pelo
le queda el tercio pelao.

El que quiera enamorar
que enamore a una cotuda,
por el resuello la saca
aunque la noche esté oscura.

Quién juera alpargate 'e fique
pa' calzar tu lindo pie,
y mirar de para arriba
lo que el alpargate ve.

La mujer que se enamora
del hombre por la chaqueta,
se debiera enamorar
del marrano por la horqueta.

❧

La que se vaya a casar
se considera difunta,
porque la van a matar
con un cuchillo sin punta.

❧

Esto dijo el armadillo
entrándose en una cueva,
maldito sea este chamizo
que me rasguñó una güeva.

❧

Allá arriba en aquel alto
se murió don Tanislao,
qué tan jodido sería
que lo velaron parao.

❧

Acuéstate bocarriba
acuéstate bocabajo,
acuéstate como quieras
pero no te la rebajo.

❧

Una muchacha me dijo
que comiera y que callara,
y que siempre me daría
conservita de guayaba.

Las campanas dicen: dan,
las mujeres dice: den,
yo prefiero las campanas
porque dan sin que les den.

Mi mamá me dió un consejo
que lo repetía mi agüela:
el que tenga rabo 'e paja
no se arrime a la candela.

El chucho y la pandereta
formaron algarabía,
que el chucho quería de noche
la pandereta de día.

De todos los animales
yo quisiera ser el toche,
para subir a tu nido
y poder dormir de noche.

Ven acá vidita mía,
suela de mis alpargates,
que te toy queriendo tanto
como el gato a los tomates.

Todos pasan por mi lado
y me tientan la curruca,
piensan que soy armadillo
se les ajuma la nuca.

Tres cosas hay en el mundo
que se pueden cuidar,
una cocina sin puerta,
la mujer y un platanal.

Estos viejos son el diablo,
parientes de Lucifer,
no duermen por 'tar pensando
que se lo van a comer.

Mamita no me regañe,
que usté también lo hacía,
asomarse a la ventana
cuando mi taita venía.

En el otro lao del río,
tengo todo mi pensar,
una calavera 'e viejo,
empezándose a pelar.

Donde hay plátanos maduros,
acuden mucho los toches,
donde hay muchachas bonitas,
no faltan las buenas noches.

Quien bebe agua en calabazo,
o se casa en tierra ajena,
no sabe si bebe sapos,
o casa con cosa buena.

Anillo de oro macizo,
que en el mar se me cayó,
mujeres con compromiso,
para qué las quiero yo.

Quién fuera gaque de peña,
pa' florecer amarillo,
quién tuviera verraquera
pa' no sentir el culillo.

Cuando dos se quieren bien,
y se topan en el baile,
se juntan disimulaos,
y que no los mire nadie.

❧

El amor que ha sido de uno,
y en otro poder se ve,
es cosa que nada importa,
pero da quién sabe qué.

❧

Un viejito en el Socorro,
se comió un plato de mute,
la vieja que se descuida
y el viejo que se lo embute.

❧

Quién será esa cantadora,
que canta y canta puaquí,
podían echarle los perros,
y en el culo untarle ají.

❧

Mi compadre se murió,
allá abajo en la quebrada,
yo no lo vide morir,
pero vide la chulada.

❧

El sapo estaba creyendo,
que la sapa no paría,
y al cabo 'e los nueve meses,
ahí le va la sapería.

Bebamos de esta bebida,
para principiar el rezo,
pa' quel alma del dijunto,
coja juerza y tranque tieso.

El señor que está allá al frente,
es un hombre muy sencillo,
pero en la cara me dice,
que no tiene calzoncillos.

Miren lo que me pasó,
comiéndome un bocadillo,
se me emborrachó el culito,
y se me paró el tornillo.

No se te dé nada, negro,
porque te digan picuro,
que los blancos también llevan,
parche negro en el culo.

Pa' santandereano yo,
para güeña mi mujer,
aunque no pida le doy,
y ella lo quiace es joder.

El tigre no me agarró,
porque se iba resbalando,
en el mierdero que yo,
al juyir iba dejando.

El armadillo es un santo,
cual cura 'e Molagavita,
que para hacer penitencia,
duerme con la armadillita.

Se hace en Floridablanca,
el aguardiente pichón,
si quiere que a mujer sepa,
tome entonces superior.

Mi mamá quería una hija,
mi taita quería un varón,
y yo para complacerlos,
salí medio maricón.

Me preguntan por qué voy,
donde la negra Ruperta,
cada cual sabe su sabe,
y a ninguno se lo cuenta.

❧

Esto dijo el armadillo,
sembrando su mata 'e yuca,
cuando el hombre se va pa' viejo,
hasta el culo se le chupa.

❧

En una calle de Vetas,
se andaba con disimulo,
subiendo le sale giba,
bajando se raspa el culo.

❧

Los sapos en la laguna,
cuando ven el agua venir,
alzan el culo pa' lo alto,
y empiezan a consumir.

❧

Cualquier mujer que no tope,
para aliviar sus quebrantos,
un pendejo a los cincuenta,
se queda pa' vestir santos.

❧

Decís que no me querés,
porque no tengo dinero,
ninguno nació con plata,
sino con el mero cuero.

Dicen que la vida es triste,
sin guarapo y sin mujer,
es pior tener las dos cosas,
y no ser capaz de le'r.

Las mujeres de Girón,
se conocen al totiao,
por su caminar garboso,
o en el batir del cacao.

Los sapos de la laguna,
dicen que ellos no hacen nada,
anoche dormí con uno,
y lo que me echó fue baba.

Los sapos de la laguna,
presienten la tempestá,
los unos piden chochita,
las otras piden mondá.

Para qué te quero yo,
calavera puesta en palo,
camino de los infiernos,
ponde sube y baja el diablo.

Quién juera caballo entero,
y lo llevaran a jiestas,
y lo dejaran por áhi,
por áhi con las otras bestias.

No hay cosa que más me guste,
como tu andar con meneo:
cuando pasas por juntico,
te miro y me saboreo.

Mamita no me regañe,
porque estuve onde Ruperta,
que vusté bien lo sabe,
cuando el tiesto se calienta.

El amor de los casados,
es un guarapo al revés,
que primero es que se enjuerta,
y cuando endulza es después.

Un viejo santandereano,
tan felino como el gato,
se comió sus culoncitas,
para así pasar el rato.

Una vieja no muy vieja,
más vieja que San Ciriaco,
le cortaron una teta,
para sabor de un ajiaco.

De la quebradita vengo,
de lavarme el morrocoy,
ya que está bien limpiecito,
cuánto me da y se lo doy.

Entre Melón y Melamba,
se comieron la ternera,
Melón se comió la carne,
Melamba la cagalera.

La mujer todos dirán,
se parece a la paloma,
huyéndole al gavilán,
deseando que se la coma.

Decís que no me querés,
porque sé todas las coplas,
si no me querés creer,
agáchate y me las soplas.

Un estudiante a una señorita,
Aritmética enseñaba,
y al cabo e' los nueve meses,
la señorita multiplicaba.

Allá arriba en aquel alto,
viene un gavilán que zumba,
en busca de unas boronas,
pa' zampar en la churumba.

La mujer sin calcinaguas,
se le ve la claridá,
el hombre sin calzoncillos,
es todo pa'llá y pa' 'ca.

La gallina colorada,
le dijo a la cenicienta,
alguna te ha de pasar,
pa' que cojas escarmienta.

Esto dijo el armadillo,
cuando iba para su cueva,
yo llevando el rabo adentro,
lo demás que se me llueva.

❧

Por diez minutos de gozo,
nueve meses de pesar,
cuarenta días de dieta,
y año y medio a tururiar.

❧

Ya se acabaron las jiestas,
ya se van los que han venío,
cuántas quedaron llorando,
con el pájaro en el nido.

❧

El amor del hombre pobre,
es como el del gallo enano,
que en correr y no alcanzar,
se le pasa todo el año.

❧

La guayaba pa' ser buena,
debe de tar ya pintona,
la mujer pa' que dure,
debe ser ya cincuentona.

❧

Del toro la güelta 'el cacho,
del caballo la carrera,
de las muchachas bonitas,
la cincha y la gurupera.

Las mujeres de mi tierra,
te dejaron en ayunas,
si queréis comer gallina,
confórmate con las plumas.

Me convidan a pescar,
y no llevan el anzuelo,
a mí se me está poniendo,
que la pesca es en el suelo.

Vení pa'cá vidita mía,
ojos de maíz chelele,
'tas con uno y 'tas con otro,
y eso es lo que a mí me duele.

Mi mamita me mandó,
que atizara la candela,
y yo por andar ligero,
le aticé a la cocinera.

Vení pa'ca mi vidita,
sentate pa' junto a yo,
que te quero preguntar,
quén te desguarambiló.

Cuando yo arriaba mis mulas,
eran mis negociaciones,
echar naguas de p'arriba,
y de p'abajo calzones.

En el otro lao del río,
suspiraba una torcaza,
y en el suspiro decía,
bien pendejo el que se casa.

Después de que yo me muera,
no pienso mirar pa'l mundo,
pa' no ver que tu cariño,
es de cualquier vagabundo.

De mi tierra me destierran,
por una maldita maña,
por amigo de panela,
sin haber sembrado caña.

Que nos gobiernen los godos,
o mande el liberalismo,
para afectar a los pobres,
todos resultan lo mismo.

Una tengo en Chucurí,
otra tengo en El Rodeo,
la que tengo por aquí,
esa sí no la cambeo.

A un amigo yo llevé,
dondiuna mujer que amaba,
y aprendió tanto el camino,
que en después él me llevaba.

Ella tenía una paloma,
con huevos de codorniz,
la paloma se ha volado,
los huevos los tengo aquí.

En Lebrija nos topamos,
y tuvimos en Rionegro,
y ahora decís, gran mugroso,
que si te vi no me acuerdo.

Ayer estaba con Chava,
comiendo dulce de brevas,
como yo no comí más,
casi me arranca las medias.

꒜꒟

Señora o señorita,
no me lo quería decir,
teniendo busté el remedio,
por qué me deja morir?

꒜꒟

Parece que ya nos vieron,
vestite con disimulo,
ya la gente se está riendo,
porque nos vieron el culo.

꒜꒟

A jiestas jue q vinimos,
a gastar lo que trujimos,
la plata sí se jodió,
pero gusto si nos dimos.

꒜꒟

El pájaro Diostedé,
es un pájaro abobao,
que teniendo el pico romo,
siempre busca el rajao.

꒜꒟

Mi mujer vende la finca,
porque no puede encontrar,
quien tenga buena herramienta,
pa' ponerla a trabajar.

Ya viene la madrugada,
ya canta el gallo gallino,
el que duerma en casa ajena,
madrugue a tomar camino.

Bendígate vino tinto,
nacido de verdes matas,
porque a la mejor del tiempo,
nos hace torcer las patas.

Comadre que mi compadre,
le mete la mano al seno,
compadre no sea grosero,
respete lo que es ajeno.

Mujeres hay en el mundo,
como en las tiendas hay ropa,
pero una mujer de bien,
por obra de Dios se topa.

A un pajarito volando,
le vi el piquito amarillo,
Luisa se estaba bañando,
a mí me mostró el fondillo.

❧

La vieja se perdió,
en un platanal oscuro,
al otro día amaneció,
con un plátano en el culo.

❧

Las mujeres son el diablo,
parientes del alacrán,
cuando ven a un hombre pobre,
alzan el rabo y se van.

❧

Malditos sean los calzones,
y el sastre que los cosió,
les dejó un bolsillo roto,
y el mojicón se salió.

***

A mi negrita querida,
poco le gusta el joropo,
porque cuando yo la aprieto,
se le recalienta el jopo.

❧

Cuando la rana críe pelos,
y el gallinazo copete,
aprenderá Luis Briceño,
a tocar el clarinete.

༄

Allá arriba en aquel alto,
hay un platanal oscuro,
todo aquel que allí se quede,
le amanece ardiendo el culo.

༄

Las mujeres y las garzas,
tienen cierto parecido,
así tengan su dueño,
andan buscando marido.

༄

Adiós vieja papayona,
chisgueta y ojos de sapo,
verás que si te disculpas,
te lo miro y te lo tapo.

༄

A Sebastián no lo dejo,
casar por ninguna plata,
pues como el pobre es pendejo,
cualquiera le alza la pata.

༄

Timoleón tras de que es feo,
y le agrada el aguardiente,
no puede detener peo,
pasa por impertinente.

Aquí vive ñoa Azucena,
la de la mancha en la jeta
que hacía grandes rellenas,
y tenía buena la arepa.

Cuando dieron la noticia,
de que ya no me quería,
hasta el perro de la casa,
me miraba y se reía.

En el otro lao' el río,
vide la muerte en camisa,
yo que temblaba de miedo,
y ella se tendía de risa.

Cuando nuestro padre Adán,
se puso las primeras botas,
se sentó en un arenal,
a rascarse las p...

En Enciso se da coto,
en Capitanejo caspa,
más vale tener el coto
y no estar rasca que rasca.

❧

Un viejito se peyó,
y esto rompió un coco,
que viejo de tener juerza en el jopo.

❧

Si la envidia juera tiña,
cuántos tiñosos no hubiera,
no hubiera perro ni gato
que de tiña no muriera.

❧

Evita enjuriando a Adán,
ella le dió contentillo,
en el campo ese animal,
le dio por el fondillo.

❧

Tan triste qu'estaba aquella,
por la muerte e' su marío,
y al descuido preguntaba,
que si el otro había venío.

❧

Un pajarito voló,
de la sala al aposento,
ahora que hará la señora,
con el pajarito adentro.

❧

Si mi mamá no me casa,
el año venidero
le prendo candela al rancho,
y adiós de cucarachero.

❧

El amor es un bichito,
que por los ojos se mete,
cuando llega al corazón,
Francisco, San Juan tenete.

❧

Cuando yo enamoro un pobre,
me dan ganas de llorar,
porque el corazón me dice,
que me toca remendar.

❧

Cuánto susto a mí me dió,
ese perro enjurecido,
si no me subo a ese palo,
me muerde ese perro.

❧

Pensarán los q se casan,
que van a comer buñuelos,
pa' después estar desiando,
la vida de los solteros.

Las mujeres de este tiempo,
son como el tronco podrío,
no saben lavar un plato,
y están buscando marío.

Mi suegro está con paperas,
mi suegra con reumatís,
y mi mujer con agrieras,
buen agüero, estoy feliz.

Esta noche mi señora,
como usted muy bien lo sabe,
si en la casa no se puede,
los montes no tienen llave.

Los cotudos de Girón,
no comen carne e' costilla,
porque en el cotico llevan,
la cona e' la mantequilla.

Don Gaitán tiene un cañón,
que lo llaman Bocanegra,
cuando ese cañón dispara,
manda a todos pa' la mierda.

❧

Las laderas de Pinchote,
son güeñas pa' criar cotudos,
no son cotos de pepitas,
sino de cincuenta nudos.

❧

Entraste en mi corazón,
como puerca sin horqueta,
me pusiste cargador,
pensando qu'era maleta.

❧

Las negras huelen a mora,
y las blancas a manteca,
a carbón las planchadoras,
y las biatas a culeca.

❧

Si alguna vieja soltera,
se encuentra con un soltero,
Santa Bárbara bendita,
Virgen del agarradero.

❧

Las mujeres son el diablo,
parientes del anticristo,
acaban de estar con uno,
y dicen que no lo han visto.

Una muchacha de Vélez,
me dijo no tener nada,
le metí la mano al seno,
le encontré una manotada.

El sapo montó a caballo,
y se le olvidó la espuela,
con las arrugas en el culo,
lleva al caballo que vuela.

La yegua mira al caballo,
la vaca mira al novillo,
el hombre mira las tetas,
las mujeres al jundillo.

A una vieja no muy vieja,
más vieja que san Joaquín,
le cortaron unos pelos,
para cuerdas de violín.

Yo no me caso con viuda,
aunque se vista de seda,
porque mula que otro amansa,
algún resabio le queda.

Las mujeres en el baile,
cuando se apaga la vela,
la que no corre, gatea,
la que menos corre vuela.

El que quiera enamorar,
enamore alta y delgada,
porque la mujer chiquita,
parece sapa parada.

Que los hombres son el diablo,
dicen todas las mujeres,
y todas andan deseando,
que el demonio se las lleven.

Zanja arriba y zanja abajo,
el eco va repitiendo,
si me sale el espantajo,
yo me voy pero corriendo.

Yo no celo a mi mujer,
ni la celaré en la vida,
porque el otro que ella tiene,
nos pasa pa' la comida.

Yo vide unos ojos negros,
bajo unas cejas espesas,
haberlos querido tanto,
Diosito cómo me pesa.

Esto me dijo mi china,
debajo de un rancho 'e paja,
ésto no es de todos los días,
jalémole otra migaja.

Recuerdas que te advertí,
camino del platanal,
luego no salgas diciendo,
qu'el plátano te hizo mal.

Los muertos del cementerio,
pobrecitos, qué carajo,
tan pagando boca arriba,
lo que hicieron boca abajo.

Así dijo Nicolasa,
cuando venía del mercao,
yo te dejé aquí en la casa,
pa' cuidar bien su bocao.

El piojo le dio a la pulga,
un codazo de pa'tras,
la pulga le contestó,
ingrato por qué me das.

No joda, señor no joda,
no aumente nuestras desdichas,
ya se tomaron la chicha,
se llevaron las guarichas,
no joda señor, no joda.

Qué tal amigos, qué tal,
salió un viejo de un yucal,
con su vieja a la costillas,
limpiándose las rodillas,
y lo tomaron a mal,
qué tal amigos, qué tal.

Qué tal amigos, qué tal,
cógela tras de un portal,
alzále el sagrado manto,
y con el cirio pascual
alúmbrale el monumento
del pecado original,
qué tal amigos, qué tal.

NO CONFUNDA

- A Pepita Gómez a gomitar con pepitas.

- Al talón de Aquiles con el talón de Arquímedes.

- A jugadores paraguayos con guayos para jugadores.

- A casa de lenocinio con casa de genocidio.

- A Cuestaboba con una boba acostada.

- A operarse de la próstata con operarse de la posdata.

- A una pelota negra con una negra empelota.

- A pasabocas con sacabocas.

- A una camaleona con una leona en la cama.

- A montar en góndola con montar en glándula.

- A tubérculo con ver tu culo.

- A la Sorbona con la soborna.

- A una paloma con el Canal de la Mancha a con una mancha en el canal de la paloma.

- A la Gioconda con la gedionda.

- A la Asociación de Mejoras Públicas con la Asociación de Mujeres Públicas.

- A vestíbulo con prostíbulo.

- A un perro viejo con un viejo perro.

- A Bachiller con va a chillar.

- Al crepúsculo de la mañana con la marrana de culo crespo.

- A calavera con cadavera.

- A Morrorico con tener rico el morro.

- A proceder con cordura a proceder con gordura.

- A los huevos de araña con arañarse los huevos.

- A salón elíptico con salón etílico.

- A las piernas de Dolores con dolores en las piernas.

- A gas propano con gas profano.

- A crepúsculo con un crespo en el culo.

- A culebra con una hebra en el culo.

- A orquesta filarmónica con horqueta filantrópica.

- A mármol de Carrara con mármol de carrera.

- A se fundió el bombillo con se le bombió el fondillo.

- A tripa con tropa.

REFRANES

La mayor parte de los refranes nos ha sido transmitida desde la antigüedad, bien oralmente o través de escritores primitivos que los recogieron del lenguaje popular y el pueblo los ha ido asimilando.

Los refranes tienen un tono propio que los caracteriza como filosofía práctica de la vida cotidiana, son "frases breves" racionales perfectamente aplicables en cualquier momento.

El carácter popular de los refranes no puede anular nunca su realidad representativa cultural autóctona, ya que en cualquier caso existirá la relación natural de cada sentencia con el diario acontecer.

Mientras el hombre exista sobre la Tierra y vivencia su relación con la naturaleza y construya su historia, seguirá su proceso inacabado, salpicado de momentos en los cuales bien podrá aplicar cuanto le haya enseñado la experiencia.

- De hacer la cagada ha de ser que hieda.

- El plato de la venganza se come frío.

- Cada cual es libre para hacer de su culo un candelero.

- Con paciencia y saliva un elefante se tiró una hormiga.

- Ya se cagó la mano, ahora cáguese el brazo.

- Pierdo un amigo, pero no pierdo una tripa.

- Lo quiero más que si lo hubiera parido.

- No aguanta una misa con trique traque

- Es puro sudor y pedos.

- Bregando con la vida panda y el culo como una zaranda.

- Qué vida la del pobre Lara, las hijas putas y la mujer preñada.

- La boca a hablar y el culo a pagar.

- Más sufrido que el culo de un tullido.

- Más metido que chingue de lavadora.

- Más comido que las medias de un recluta.

- Puede hacer de su culo una ratonera.

- Es como una mula atravesada en el camino.

- Cada cual puede hacer de su rabo un avispero.

- Más caída que teta de gitana.

- Más caída que las nalgas de Júpiter.

- Más arrastrado que una chancleta.

- Más cagado que la vara del gallinero.

- Más feo que un culo asomado por una ventana.

- Por los vientos que corren la tempestad es de mierda.

- Come más que una llaga.

- Caga más que un pato amarrado.

- La lengua es corta pero alcanza al culo.

- El que prestar la mujer pa' bailar y el caballo pa' montar, no tiene qué reclamar.

- No hay mula que no paté, no hay hombre que no lo pida, ni mujer que no lo dé.

- Ah vida la del pobre Lara, escupió pa' y le cayó en la cara.

- Tras de que se pen, se enojan.

- Salió el culo con los calzones.

- Camina más que un perro con tres bolas.

- Las casan con manto y corona y el culo como una cona.

- Cuando un pobre va de culo, ningún barranco lo atranca.

- Tiene más vergüenza el perro debajo del rabo.

- Acosa más que novia embarazada.

- Cada cual como Dios lo hizo, la barriga panda y el culo liso.

- Cuando el invierno es copioso, de cualquier cueva sale un sapo.

- El que nació desgraciado, del cielo le llueve mierda.

- Muchas manos en un plato hieden a mierda' e gato.

- Más mamada que teta de puta.

- Vaca chiquita siempre ternera.

- Loro viejo no aprende a hablar.

- Loro viejo no aprende a andar.

- No arrime tanto la cara que paludismo se pega.

- Estoy más triste que gallinero sin gallo.

- Eso es más viejo que el arte de cagar agachado.

- El hombre puja, pero no llora.

- Eso se puso de color de hormiga.

- Cada chuchero pondera sus agujas.

- Se recuesta sobre mí, como borracho en mostrador.

- yo soy aquí el toro que más mea.

- Para cada bollo nace su cucarrón.

- Los hombres en la cocina hieden a rila e' gallina.

- Más puta que las gallinas de Corín.

- Se perdió chicha, calabazo y miel.

- Más rascado que culo de caratejo.

- Todavía no cante gloria.

- Más débil que el gallo de las Espinosa, que para cantar tenía que recostarse contra la pared.

- Vestir altar para que otro diga misa.

- Más estirado que el perro de Copetrán.

- Hijo de mi hija mi nieto será, hijo de mi hijo mi Dios lo sabrá.

- Más sangre tiene un palo e' yuca.

- Así está María de un pecho y el otro que se le estalla.

- Para cada tiesto hay su arepa.

- Tenga paciencia y en rabo resistencia.

- Las mujeres son como los canastos, se acaban primero por el asiento.

- Los hombres son como los caballos, se acaban primero por las patas.

- *Más caliente que la bragueta de un herrero.*

- *Es tan pichicato que no caga en loma por no ver rodar el bollo.*

- *Al que no carga la enjalma, le parece que no pesa.*

- *Más triste que ver morir a la madre de hambre.*

- *Barriga llena, corazón contento.*

- *El que a orinar y no pe, es como el que a la escuela y no lee.*

- *El hombre cobarde, no goza mujer bonita.*

- *En lágrimas de mujer y cojera de perro, no hay que creer.*

- *Bienaventurados los mansos porque los castran parados.*

- *Entre más vacas, menos leche.*

- *Santo que caga y mea y el diablo que se lo crea.*

- *El que ríe solo, de sus picardías se acuerda..*

- *A los amantes y a los ladrones, les gustan todos los rincones.*

- *Hacer de tripas, corazón.*

- *Nunca te cases con viuda, porque mula que otro amansa siempre sale jetidura.*

- *Más caliente que lengua de suegra.*

- *Tú eres más flojo que mierda de pato.*

- *Estás más blanca que cucaracha de panadería.*

- *La mujer que es brincadora, afloja la gurupera.*

- *Le salió el tiro por la culata.*

- Hombre miedoso no besa mujer bonita.

- En pleito de marido y mujer, nadie se tiene que meter.

- A mi no me asusta el tigre porque caga cagarruta, el conejo es chiquito y caga la misma fruta.

- Tú no eres el mosquito que me trasnocha.

- Se resbala más que piojo en cabeza e' calvo.

- Más pegao que mierda en alpargate e' fique.

- Más inútil que timbre en un cementerio.

- El que nació para bollo, del cielo le llueven hojas.

- Hablar con bestias es pa' molestias.

- Si esto es en la carrilera, como será en la estación.

- Boca con bozo, besa sabroso.

- Mujer y mula, la que no patea, recula.

- A los perros sólo los capan una sola vez.

- Más largo que un viaje al cielo con marranos.

- Del burro sólo se esperan rebuznos.

- Al que menos puja, se le sale una lombriz.

- No falta una media rota para una pata torcida.

- Entre músicos no se cobra serenata.

- La cabeza no le sirve ni para gastar sombrero.

- Entre bomberos no se pisan las mangueras.

- Juntarse el hambre con la gana de comer.

- Una cosa piensa el burro y otra el que lo está enjalmando.

- Tripa vacía, corazón sin alegría.

- *Se hace el de la oreja gocha.*

- *Pájaro mal nacido, el que se ensucia en el nido.*

- *A la mujer bigotuda, de lejos se le saluda.*

- *Es otra pata que le nace al cojo.*

- *El que mucho se agachó, hasta el culo se le vio.*

- *Perro que ladra, no muerde.*

- *Entre más canas, más ganas.*

- *El que nace barrigón, ni que lo fajen chiquito.*

- *Cuando el culo quiere fuete, él mismo lo solicita.*

- *Un bagazo poco caso, un cagajón poca atención.*

- *Paciencia pulgas que la noche es larga.*

- *El mucho joder, escalda la polla.*

- *Anunciar es vender.*

- *No falta un peo a hora e' miar.*

- *Está más limpio que talón de ahogado.*

- *Cuando la partera es mala, se le echa la culpa al culo-*

- *No deja títere con cabeza.*

- *Está más frío que culo e' muerto.*

- *Los burros se buscan para rascarse la sarna.*

- *Más liso que el culo de un purgao.*

- *El dinero es el aceite que afloja todo tornillo.*

- *Es muy triste amar sin ser amado, pero más triste aún, limpiarse el culo sin haber cagado.*

- *Tórtolo parado no respeta culo cagado.*

- *Ni ve, ni oye, ni se abotona.*

- El que con niños se acuesta, cagado amanece.

- El que no ha sido torero, hasta la mierda le enviste.

- Al hombre pobre la cama lo mata y si tiene mujer se acaba de joder.

- El que es pendejo al cielo no va, lo joden aquí y lo joden allá.

- El que no llora, no mama.

- Lastima que sea pecao, pero bonito sí es.

- Cuando dos se quieren bien, con uno que coma basta.

- En Colombia la gasolina sube aviones, pero baja calzones.

- Me cagas la jaula y el pajarito.

- A todo el mundo y a ñor Reimundo.

- Más doloroso que golpe en una espinilla.

- Amor de lejos, amor de pendejos.

- No le da ni un grano de maíz al gallo de la pasión.

- Más cerrado que una tapia.

- Chiquito, pero cumplidor.

- Mirar más allá de las narices.

- Estás más atravesado que mojón en cañería.

- Me tiene más arriba de la coronilla.

- No me gusta este gallo en mi corral.

- Eres más asomao que mosca en un vaso de leche.

- El pájaro después que empluma, no quiere ver con el nido.

- Llegando a rasguñar, lo mismo es gato que gata.

- Eso es harina de otro costal.

- Estoy como chiva que pare tres.

- Hasta el rabo es chicharrón.

- Está más duro que gallina vieja.

- A quien menos puja, se le sale una lombriz.

- Más ladrón que romana de palo.

- Del payaso no es la culpa, si el maromero se cae.

- Se perdió chicha, calabazo y miel.

- Cada cual es dueño de su miedo.

- El palo no está pa' cucharas.

- El caballero repite.

- De noche, los gatos son pardos.

- Nadie sabe de las necesidades de la olla, sino el cucharón.

- Esas de las que arden y o hacen ampolla.

- Da más vueltas que un perro antes de echarse.

- Después del gusto que venga el susto.

- Mujer sin novio, es como bambuco sin tiple.

- Eso es más viejo que el almanaque de La Cabaña.

- Un clavo saca otro clavo, y si no ambos se quedan adentro.

- Amor no se echa a la olla, sino manteca y cebolla.

- Le sacaron los trapitos al sol.

- Más vale caer que quedar colgando.

- Pa' lante es que brinca el sapo, manque le puyen los ojos.
- Pobre, pero de buena familia.
- El que no quiera ver sus mulas matadas, no las mande a viaje.
- A la mujer y la cabra, mucha vista y poca larga.
- Dios los cría y el diablo los junta.
- Más vale el hombre en la cama, que sólo y con mala fama.
- Mucha bomba y poco chicle.
- Seguro mató a confianza.
- Cualquier cuchillito viejo, se lleva varias cubiertas.
- Es pa' las meras vergüenzas.
- Por donde pasa el chivo, no nace hierba.
- Entre más viejo, más pendejo.
- Qué baile ponen los pájaros, cuando el gavilán se muere.
- Querer bailar y toser, es cual chiflar y comer.
- El huevo que no es pollo, está frito.
- Más fea que pelea a machete.
- Le quedó puro al culo.
- Más aburrido que sordo en un velorio.
- Pa' los cotudos de Enciso que tiene el coto liso.
- Llegada la ocasión, el más amigo es bribón.
- Las paredes tienen oídos y los garbanzos pico.
- No hay que echarlo en saco roto.
- Cepillo viejo, no saca brillo.

- La envidia es como la hiel, todo lo amarga.

- Ustedes son como uña y mugre.

- Cuanto la pata se hincha, la sepultura relincha.

- Para lo que hay que ver con solo ojo basta.

- De esperanzas se mantiene el que es pendejo.

- Amor de lejos, amor de pendejos.

- El que a mierda huele, es que culo tiene.

- Yo no tengo velas en ese entierro.

- Quién sabe si saltaréis.

- El que primero lo huele, debajo lo tiene.

- Estoy más templado que cuero de redoblante.

- Puerco mierdero, manque le quemen la trompa.

- Más desacreditado que los fósforos de palito.

- El bojote no es hojas.

- Cada pozo tiene su desaguadero.

- Estoy como estaca de amarrar burro.

- Dichoso el gavilán que come la carne cruda.

- Se largó el agua a llover y las viejas a correr.

- Maña vieja, no es resabio.

- Meter gato por liebre.

- Mierda dijo Peyito, cuando se cagó la mano.

- Sople Pulido que el culo está frío.

- Por fin encontró la horma de su zapato.

- El tornillo lo tengo, lo que falta es la tuerca.

- Quien tuviera hijo varón, no le diga a otro ladrón.

VARIEDADES

La gente tiene ocurrencias increíbles y no por diversas menos curiosas y agradables y sobre todo cuando de humor se trata, bien podríamos decir: "en la variedad está el placer".

LAS NUEVE HIJAS
(Canción)
Nueve hijas que tenía
todas nueve se casaron tararará,
se fueron con sus maridos
y solito me dejaron
mi Soledá.
La primera se casó
con un sastre singular tararará,
toda la noche lo pasan,
toma la aguija, dame el dedal,
mi Soledá.

La segunda
se casó con un sastre singular tararará
toda la noche lo pasan,
toma la aguja y dame el dedal
mi Soledá.

La tercera se casó
con un carpintero loco tararará,
tola noche lo pasan
toma el martillp dáe al escoplo
mi Soledá.

La cuarta se casó
con un calentano biche tararará,
toda la noche lo pasaan
toma la caña y mete al trapiche
mi Soledá.

La quinta se casó con
con un sacristán de coro tararará,
toda la noche lo pasan
pero mia secula seculorun
mi Soledá.

La sexta se casó
con un pobre sacristán, tararará
toda la noche lo pasan
tilín tilín, tilán tilán,
mi Soledá.

La séptima se casó
con un pobre relojero tararará,
toda la noche lo pasan
ojo al horario y al minutero
mi Soledá.

La octva se caso
con un herrero borracho tararará,
toda la noche la pasan
tapando ujeros dando al macho
mi Soledá.

La novena se casó
con un pobre agricultor tararará,
toda la noche la pasan sembrando
flores de coliflor
mi Soledá.

DECLARACIÓN DE AMOR

Estimada señorita:
Gustoso le envío la presente con el objeto de pedir-
le una entrevista, y soy atrevido al exigír-
selo porque comprendo que su ardiente y buen corazón, lleno de infinita bondad,
ternura y cari-
ño, al fin he de poder, yo sé que su
envidiable cu-
na se meció en medio de la felicidad,
por lo que el cie-
lo me tiene locamente enamorado, le
diré que sólo pre-
tendo entregarle todo el corazón
para siempre, pues jamás enga-
ñarla, ha sido mi deseo y esto me
satisface.
Comprendo que sería un gran dolor
desvir-
tuar su amor, pues mi anhelo es a mi
corazón li-
garla, además la considero
grandemente pu-
ra, candorosa, de carácter amable,
sencilla y cas-
ta, quiero ver sus indefinibles y
co9losales te-
soros físicos, morales y grandes
virtudes és-
tas que le dio la naturaleza, deseo verla en casa gozando de la felicidad como verdadera dama disfrutando de lko9s goces de la
vida; reciba mi ver-
dadero amor que es pasión volcánica
para que si-
ga feliz y guarde ésta como recuerdo.
De Ud. Atte. ,

GRAFITIS

- Hombre sin cachos, es como jardín sin flores.

- No cambie, me gustan los idiotas.

- ¿Qué es la Constituyente? Es una capítulo más de misión imposible.

- ¿Por qué se llama media pantalón? Porque va desde el pan hasta el talón.

- A los pobres no salen dientes de leche, si no de aguapanela.

- El tiempo vuelve a las frutas maduras y a los viejos verdes.

- La vida es un sueño. Calderón de la mierda.

- Las reglas de urbanidad son como las mujeres feas, nadie las sigue.

- Mi profe es como los médicos, primero nos duerme y luego nos raja.

- No traiga machete que aquí le damos.

- Paz y progreso... plomo pu' el sieso.

- Los mocos son la plastilina de los pobres.

- Señora o señorita, un tornillo necesita.

- La cosa que se viola y queda intacta es la Ley.

- Por el beso, empieza eso.

- Necesito una vieja que me lave la ropa y la cosa.

- Mi hermana se tomó unos tragos y se le subieron.

- Cuando era chiquito me decían güevito, ahora que estoy grande, me echaron del pueblo.

- Las mujeres de senos pequeños son inteligentes, pero mí me gustan las brutas.

- Todo consultorio médico es una casa de citas.

- La paz necesita palomas, no gallinas.

- Los gaviristas no han sido muy galanes.

- Los viejos son verdes como la clorofila.

- Yo antes era indeciso, ahora no lo sé.

- De qué me sirve ser lago, si no tengo mi sapito.

- ¿El colmo del plomero?... Tener un hijo soldado.

- Salve una vaca, como pollo... Salve un pollo, coma mierda.

- Ojalá que la Constituyente no se vuelva...prostituyente

- Los paños menores crean... problemas mayores.

- El colmo del forzudo... doblar la esquina.

- Un huevo duro es un pollo enyesado.

- Los mosquitos mueren entre los aplausos.

- Cambio moto vuelta mierda por silla de ruedas en perfecto estado.

- Los futbolistas corren tras de una pelota, sabiendo que tienen dos.

- Aquí puja hasta el más berraco.

- La profesión del médico es la mejor del mundo, desnudan a las mujeres y el pasan la cuenta al marido.

- El cobarde es el que tiene valor de decir que siente miedo.

- El amor entra por los ojos y sale por los bolsillos.

- ¿Qué es el bípedo? Dos gases volando.

- ¿En qué se parece un teléfono público a un cura? En que se llena de plata y se daña.

- ¿Qué le dijo una bolita a la otra? Levántese ligerito que el patrón ya está parao

- Caros amigos son los que nunca... pagan la cuenta.

- La mandaron por canela y lo que le dieron fue clavo.

- Si la montaña viene hacia ti, corre...que es un derrumbe.

- Si su perro come concentrado, por favor no lo distraiga.

- Las persianas son los párpados de las ventanas.

- Si lloras cuando me voy, cómo será cuando vengo.

- Árbol que nace torcido, sirve como columpio.

- Un manco es un manirroto.

- Soy genio, pero el mundo no lo sabe. Atte. : Yo el grande.

- Si el trabajo diera plata, los burros tendrían chequera.

- Si te sientes solo, aléjate de los demás.

- Había un hombre tan feo que lo cogió un cable de alta tensión y lo soltó enseguida.

PIROPOS

Son frases sueltas que expresan admiración por la belleza de la mujer, simbolizan alguna parte de la cultura y la identidad de un pueblo.

- La boca se vuelve agua y el corazón se me parte.

- ¡Qué curvas y yo sin frenos!

- Se me arregló el día.

- Que pierdo la cabeza.

- Qué bases tan hermosas.

- Tu boca invita al beso.

- Si como caminas cocinas, me como hasta el pegao.

- Si ésto es en la carrilera, como será en la estación.

- No le falta sino la escoba.

- Mamita.

- ¿Mamacita, la acompaño?

- ¿Para quién son tompas untadas de chocolate?

- Adiós linda.

- Flaca linda.

CHISTES

Una vez en un entierro, muy apesadumbrada gritaba una viuda_
-¡Ananías! Snif... ¡Ananías!...Snif... Ananías, se llevó entre las piernas lo que a mí me entretenía...
Unos amigos que iban con ella, le decían, no grite, calle por favor, vea cómo la miran; sin embargo, ella, seguía gritando.
Una persona se le acerca y le dice: - qué le pasa? Y ella responde:
-Pues era que Ananías tenía un acordeón con el cual me distraía y cuando falleció se lo echaron entre las piernas, porque él había expresado ese deseo antes de morir.

Llega una señora, cierto día a un consultorio y le dice al médico:
¡Doctor, doctor, tengo una cosa muy fea!
-Pues no se la mire.

Unas prostitutas estaban haciendo cola en un dispensario para que les practicaran los exámenes de sanidad y llega una viejita con un canastito y les pregunta:
-¿Aquí regalan mercado?
-Sí, contestaron todas.
La abuelita siguió haciendo cola y cuando le correspondió el turno, el médico le dijo:
- Abuelita, tan viejita y todavía le gusta el cacaíto?
- Sí, y bien batiíto.

Llega un bobito a tocar a una casa:
-Tun...Tun...Tun...
-¡Quién es?
-Pues yo, contesta el bobito.
-¿Y, quién es yo?
-Pues, Usted.

En una entrevista para solicitar trabajo, le preguntaron a una dama algunos datos:
-¿Nombre?
-Nory Navas
-¿Edad?
-Treinta años.
¿Señora o señorita?
Más o menos.

Nacieron cinco pollitos, cuatro ciegos y uno tuerto. Cierto día resuelven ir de visita a donde la abuela. Los pollitos ciegos se engarzan de las alitas y el pollito tuerto, los guía. Yendo por la orilla de la carretera, pasa un carro muy rápido, resbala una piedra y justo le daña el ojo bueno al pollito tuerto y él dice desconsolado:
-Hasta aquí llegamos.
Y los pollitos ciegos en coro dicen:
-¡Buenos días abuelita!

EL SOBRENOMBRE
ES PARA DISTINGUIR

El nombre es el primer vestido que se le pone al hombre. En cada país la invención de los nombres propios es tan antigua como el uso de los apelativos.

El apellido es una palabra adicional que sirve para distinguir. Nuestros antepasados remotos juntaron sus nombres a los nombres de sus padres, de su tribu o su lugar de nacimiento.

Etimológica y filosóficamente compulsados el nombre propio o nombre de pila y el apellido o nombre propio de la familia que hoy usamos en todos los pueblos cultos no se diferencian: uno y otro fueron adjetivos sustantivados, apodos en su origen o señales distintivas para el comercio social y la adecuada individualización de sus gentes.

Ejemplos:

Abel: efímero
Alberto: luciente
Andrés: varonil
Ambrosio: inmortal
Arturo: ilustre
Bertha: brillante
Carlos: esforzado
Confucio: maestro
David: amado
Darío: refrenador
Donaldo: soberbio
Eduardo: guardián
Emilio: émulo

Erasmo: amable
Ernesto: serio
Federico: Pacificador
Fernando: caminante
Fulgencio: refulgente
Gregorio: vigilante
Guillermo: arrojado
Gustavo: huésped
Hermes: astuto
Higinio: saludable
Hugo: inteligente
Jorge: labriego
Julio: crespo
Luis: baluarte
Lutero: combatiente
Macario: feliz
Mahoma: laudable
Martha: hacendosa
Nerón: vigoroso
Nemecio: justiciero
Olimpia: omniluciente
Pablo: pequeño
Pericles: renombrado
Platón: espaldudo
Roberto: glorioso
Rómulo: romano
Salomón: pacífico
Sebastián: vulnerable
Tadeo: sagaz
Tito: honrado
Terencio: tierno
Ulises: irritado
Vicente: vencedor
Yahweh: creyente
Zeus: luminoso

El origen calificativo o adjetival de los nombres propios de persona, la onomástica revela el carácter sui generis de las naciones: los hebreos prefieren designaciones místicas como (Yahweh) nos salva, fuerza de Dios (Ezequiel), padre de las generaciones (Abraham), el señor nos ayuda (Eliécer), Jehová es Dios.

Los romanos gustaban del mote común: Agripa, Bruto, Cicerón, Cornelio, Craso. Los vascos se acogen a la toponimia: Arango o del valle. Aya o la pendiente, Aranzazu o el espinal, Bolívar o la ribera del molino. Los chinos que reverencian la estirpe, tiene apenas un centenar de apellidos.

Todos los pueblos de la tierra, tanto los incultos como los refinados espiritualmente, coinciden en agraciar a la mujer con voces de dulzura: Alicia, verdad; Celia, celeste; Diana, la que ilumina; Débora, abeja; Elena, antorcha; Susana, lirio; Ligia, diáfano acento.

La adjetividad de los apellidos se manifiesta en los que demuestran los colores: Blanco, Negro, Grana, Verde, Rosillo, Rosado, Pintado, Ruano, Cárdenas; o la serie de los denigrativos: Artero, Bajonero, Farto, Ladrón, Urdemalas, Trabuco. Aunque morfológicamente sustantivos, son remoquetes los derivados del cuerpo: Cabeza, Copete, Cabello, Ceja, Cuello, Barriga, Muelas, Orejas, Bustos, Manotas, y de vestuario: Botines, Calzas, Camisón, Capote, Mangas, Mantilla, Pelliza, Sotana, tejido.
Los apellidos recogen cuanto existe en la naturaleza animal, vegetal y mineral, desde: Nigua, Pulga, Pulagrín, y Mosca hasta Vaca, Toro, ternero, Mula, Caballo,, desde Seta, Cebolla, Fique, Trigo, Maíz, Yugo hasta Encina, Roble, Laurel; desde Agua y Piedras a Luna, Sol, Estrella, Orbe.

Todo lo que compone la habitación, Casas, Iglesias, Chozas, Alcázar, y Palacios; Muros, Paredes, Puerta, Sala, Corredor; los cultivos: Huertas, Jardín, Cañaveral, Cañas, Rosales, Vides; o la naturaleza física. Ríos, Lagos, Arroyos, Praderas, Morros, Cuencas, y Cañadas; Alcores Colinas; Vergel, Selva y Bosques; Valles y Lomas etc. con profusión inextinguible.

Los sobrenombres o apodos se relacionan con actitudes o comportamientos, aptitudes, defectos o cualidades que caracterizan a las personas. Veamos algunos recogidos directamente de boca del pueblo:

Alicate, Brazo e' santo, Caldo e' pollo, Burro cansao, Burro con sueño, Car'e perro, Car'e piedra, Capitán Tormenta, Capitán Veneno, Car'e papa, Carro loco, Car'e vómito, Cabellos de Ángel, Car'e lacre, Car'e torta, Cabez'e huevo, Cabeza de hacha, Cacaíto, Car'e lápida, Crest'e gallo, Conejo, Cotorra, Cuatro arrobas, Cuarenta viajes, Cucaracha, Chamizo, Chiruleto, Chorro 'e jumo, Chorro 'e plomo, Chorro Grande, Chafarote, Chorizo, Cristo viejo, Dientes de puntilla oxidada, Dientes de morder a Cristo el Jueves de la Ascensión, El Judío de la lanzada, El Chivo de la Joya, Gallo fino, Gallo hermoso, Cieneguero masón, Hueso limpio, Lengü'e sopa, Mamatoco, Michico, Mechas de fique, Muela linda, Muerto Parao, Ojo 'e garra, Ojo de águila, Ojos de sapo en tomatera, Ojos de toro corniao, Ojos de sapo torito, Ojos de rana platanera, Paseíto, Platico 'e dulce, Pat'e cumbia, Pta brava, Perra brava, Perra loca, Pecho 'e pluma, cacique Pluma Blanca, Caique Pluma cagada, Pecho 'e paloma, Pechugón, Pocas luz, Puntillón, Puerca loca, Se coloca, Sapo gecho, Solapas.

ALGUNOS NOMBRES PROPIOS

-Florindo Flórez
-Nory Navas Santos
-Roberta Peña Perico
-Simeona Torrente del Bueno
-Verónica Pico de Loro
-Teca Gas de Parada
-Ruperta Cañón de Guerra
-Araminta Casa de Barro
-Gumercinda Mier de Vaca
-Puna Vaca
-Florinda Madero de Polilla
-Pancracia Berrío de Cabra
-Lorenza Mercado de Piña
-Hilaria Rivera de Ríos
-Timotea Hoyos de Barro
-Florinda Flórez de Naranjo
-Policarpa Rincón de Mier
-Nicolasa Castillo de Arenas
-Natividad Palacios de Armas
-Valentina Armas de Guerra
-Rumalda Corredor de Palacios
-Bonifacia Caro de Plata
-Chinca Chones
-Anacleta Barco de Madera
-Buenaventura Barriga de Cuervo
-Jerónima Cordón de Hierro
-Hipólita Collar de Plata
-Cayeta Joya de Acero
-Bartola Paredes de Caña
-Matea BARBA DE cabra
-Virgelina Cuello de Lobo
-Queca Gaona

-Escolástica Bravo de Bustos
-Cayetana Franco de Pico
-Pancracia Ahumadas de Bello
-Patricia Romo de Pico
-Lastenia Rojas
-Ema Madera Gallo
-Calixta Puentes de Hierro
-Roberta Melo díaz
-Coconita Pareja de Hormiga
-Cirila Posada de Esterilla
-Bruna piernagorda de Gallo
-Plácida Bocanegra de Lobo
-Valentina Coronel de Ballestas
-Balbina Ronco de Acero
-Remigia Agualimpia de Barros
-Nicolasa Barco de Guerra
-Dolores Lana de Barriga
-Anacle Cuevas de Jara
-Zacarías Candela
-Armando Paredes
-Armando tapias
-Roberto Chorro de Mier
-Segismunda Cañón de Escopeta
-Plácida Ríos de Paz
-Lastenia Patrón de Arroyo
-Hortensia Parada de Lanas
-Anastasia Ladino de Mier
-Robertina Barba de Cuevas
-Sebastiana Barato de Platas
-Cacilda Iglesias de Arenas
-Ema Labrador de Cañas
-Daría Barrios de Hormiga
-Nemecia Franco de Puerta
-Albertina Mercado de Hoyos
-Maximiliano Vegara
-Aura Melo

RESPUESTAS A LAS ADIVINANZAS

1. El banano
2. La mata de yuca
3. El sombrero
4. Sacar fique
5. El trapiche
6. El pedo
7. El pedo
8. Bartolomé
9. El ojo
10. Tocar guitarra
11. Tocar guitarra
12. El papayo
13. El pato
14. El arete
15. El pantalón
16. A la última vuelta
17. Las hormigas
18. La aguja
19. El calabazo
20. El peine sacando los piojos
21. El anillo
22. Trasnochar
23. Que le están saliendo canas
24. Porque tiene un hermano ciego
25. Sacar fique
26. El sueño
27. El pincel
28. La confesión
29. En que debajo están los durmientes
30. El juez
31. Otro pensionado
32. El pedo

33. En Asia, África y Oceanía
34. El papel moneda
35. El que tiene cuatro patas y diez y nueve pulgadas
36. Las nalgas
37. El carriel (Bolso q se cuelgan las personas de la región paisa en Colombia)
38. El machete
39. La corbata
40. El fique
41. El abanico
41. El puma
43. El estornudo
44. Bailar
45. Las patas
46. El matrimonio
47. Saludar
48. La vela
49. Descansar
50. Los fósforos
51. La Ley
52. El brasier
53. El noviazgo
54. La hamaca
55. El guante
56. El beso
57. Dormir
58. El gallo
59. El banano
60. El chicle
61. La ruana
62. Enhebrar una aguja
63. El moño